LETTRE

DE SA GRANDEUR MONSEIGNEUR

SAUVEUR-LOUIS ZOLA

ÉVÊQUE DE LECCE,

A un Curé d'un diocèse de France,

SUR LE SECRET DE MÉLANIE,

récemment publié en Italie avec permission de l'Ordinaire,

SUIVIE DE

DEUX LETTRES RÉCENTES DE MÉLANIE

ET DE TÉMOIGNAGES DE PLUSIEURS AUTRES ÉMINENTS PRÉLATS,

avec une Préface,

PAR

ADRIEN PELADAN

chevalier de Saint-Sylvestre, de l'académie des Arcades, etc.,

HONORÉ DE PLUSIEURS BREFS DE S. S. PIE IX

2e Édition.

PRIX : 40 CENTIMES.

NIMES

CHEZ L'AUTEUR

rue de la Vierge, 10

1880

LETTRE

DE SA GRANDEUR MONSEIGNEUR

SAUVEUR-LOUIS ZOLA

ÉVÊQUE DE LECCE,

A un Curé d'un diocèse de France,

SUR LE SECRET DE MÉLANIE,

récemment publié en Italie avec permission de l'Ordinaire,

SUIVIE DE

DEUX LETTRES RÉCENTES DE MÉLANIE

ET DE TÉMOIGNAGES DE PLUSIEURS AUTRES ÉMINENTS PRÉLATS,

avec une Préface,

PAR

ADRIEN PELADAN

chevalier de Saint-Sylvestre, de l'académie des Arcades, etc.,

HONORÉ DE PLUSIEURS BREFS DE S. S. PIE IX

3e Édition.

PRIX : 40 CENTIMES.

NIMES

CHEZ L'AUTEUR

rue de la Vierge, 10

1880

Nimes, Typ. Clavel-Ballivet et Cᵉ. rue Pradier, 12.

PRÉFACE.

Le vendredi 11 juin, un homme de foi et d'expérience, qui nous honore de son amitié, poussé par des sentiments éminemment pieux, avait le bonheur de se trouver en un lieu où la Sainte Vierge veut qu'il soit érigé à sa gloire une resplendissante basilique. Là est une âme simple et craignant Dieu, à qui la Reine du ciel se communique et dicte ses volontés. Un livre sur la personne et l'endroit privilégiés que nous désignons, a été publié à Rome et distribué au Sacré-Collège et à la Prélature. Or, dans un autre ouvrage, imprimé aussi dans la cité pontificale, dédié à Léon XIII et agréé par Sa Sainteté, ce premier écrit est cité, loué, et qualifié *d'egregium opus* (1). Cette appellation est ce que l'on pense et dit à Rome du Mémoire consacré à la Voyante.

Notre ami, présent à l'extase du 30 juin, fut ému des souffrances dont il fut témoin et des communications surnaturelles qu'il entendit. A tel moment, il recueillit ces paroles :

« Une personne travaille pour la gloire de Marie. » La lettre qui nous a communiqué cette particularité, ajoutait : « J'ai dit

(1) Cette savante publication est une vie de saint Benoît, en grec et en latin. L'auteur est un docteur de la Bibliothèque vaticane ; son œuvre commence par ces mots : *Pontificale monumentum.*

qu'il s'agissait de vous. On ne voulait guère me croire, mais l'Extatique m'a confirmé le fait. »

Nous fûmes troublé ; qui oserait, sans épouvante, écouter ce qui peut s'appeler une sollicitation d'en Haut, pour une tâche apostolique ? Est-il une circonstance dans la vie, où, qui que ce soit de nous sente plus fortement son néant ? Quoique habitué déjà aux initiatives, aux hardiesses pour l'exaltation du vrai, nous éprouvions quelque chose de ce qui fit tressaillir de crainte Isaïe, lorsque, dans le temple, il entendit la voix de l'Ancien des jours disant : *Qui enverrai-je ?* et qu'il s'excusait en ces termes : *Seigneur, je ne sais point parler.*

Nous en étions là, quand le mercredi 16 juin, nous reçûmes deux plis, l'un à quelques heures de distance de l'autre. Le premier nous apportait la Lettre magistrale qui fait l'objet immédiat de cet opuscule, et justifiant avec une si imposante autorité les quarante pages écrites par Mélanie, sœur Marie de la Croix, et contenant le secret de la Salette tel que la pieuse bergère le reçut.

Laissé libre, par le correspondant de S. G. Mgr l'Evêque de Lecce, de faire ce que nous voudrions de ce précieux document, et nous pénétrant de l'invitation reçue par nous cinq jours avant, nous n'avons pas longtemps délibéré, et nous avons mis sous presse ces pages, empreintes de solennité.

Comme tout sert dans le ménage de la providence, nous comprîmes que deux lettres de Mélanie, récemment mises en nos mains, demandaient à suivre la lettre monumentale de l'éminent prélat italien, comme aussi plusieurs textes sans réplique possible d'autres illustrations de l'Episcopat sur le miracle de la Salette et sur l'actualité de sa diffusion par l'impression de ce petit Recueil.

Le second pli, dont le 16 juin nous avait fait possesseur, rendait plus décisif encore l'avis surnaturel du 11 de ce mois ; un dignitaire du clergé de France nous écrivait :

« Les quelques relations que j'ai eues avec vous, m'engagent à recourir à vous pour vous prier d'éditer une brochure *très-importante*, que termine M. Nicolas, de Marseille, d'après les Conseils à lui donnés, le samedi saint, au Vatican, par S. S. Léon XIII. Elle a pour but l'explication du secret de Mélanie.

» Le travail total comprendra une main de papier cloche. Il est bien entendu que le verso reste en blanc.

» Après l'introduction, le chapitre 1er expose le miracle sous tous ses points de vue.

» Le chapitre 2e fait l'*histoire vraie* du miracle depuis le 19 septembre 1846 jusqu'à la démission de Mgr de Bruillard.

» Le chapitre 3e va jusqu'en 1870.

» Le chapitre 4e s'occupe du secret.

» Le chapitre 5e l'explique d'après les pensées et les Conseils du Vatican.

» On ne connaît que l'écorce de la Salette.

» Cette brochure la fera connaître *complètement*. Mélanie en sortira réhabilitée.

» Veuillez me dire, Monsieur, si vous pouvez éditer ce travail de la plus haute importance.

» Le temps presse, vu les circonstances : il faudrait que cette brochure pût paraître le plus promptement possible. »

Ainsi était corroborée la communication qui nous avait ému. L'hésitation était-elle possible? Non sans doute. Aussi le premier opuscule fut-il immédiatement mis en préparation. Nous attendons le manuscrit du second.

Quel est-il donc, ce secret de la Salette, qu'un si grand concours de circonstances remet en évidence ; que le Ciel prend si hautement sous sa protection, et qui a soulevé des colères chez tant de personnes, recommandables, d'ailleurs, mais téméraires, pour ne pas correspondre assez spontanément aux accents qui leur crient des hauteurs de la nue : *Sursum corda !*

Quoi ! à l'heure où les congrégations religieuses sont proscrites, en attendant, pouvons-nous penser, d'être décimées par la persécution ; à l'heure où, dans l'Europe entière, la libre-pensée, tramant de sinistres complots, menace la Cité de Dieu, et médite, si cela se pouvait, de la renverser de fond en comble, vous bouchez vos oreilles aux menaces divines ? Mais, outre les crimes généraux de la société, outre la fureur non dissimulée des méchants contre le Christ et son Eglise, n'est-il donc, parmi les enfants de lumière, aucun scandale à déplorer, aucune hypocrisie à réprimer, aucune défaillance à relever, aucune tiédeur à rendre aux ardeurs angéliques, aucune scorie à rejeter, aucun préjugé à détruire, aucune immolation de principes à réprimer, aucune avidité coupable à détruire, pour y substituer de saintes aspirations ?

Ah ! si les impies lèvent audacieusement la tête ; si le blasphème hurle cyniquement ses diatribes près de nous ; si les hordes de Satan dominent ; ne faut-il pas en accuser le relâchement des bons, leur idolâtrie pour les honneurs et pour l'argent, leur foi stérile, leur piété obtuse, leur éloignement pour les actes héroïques, leur complicité plus ou moins déguisée avec les sophistes et les effrontés de la chose publique ; leur superbe immolation du droit national et des commandements sacrés ?

Vous avez le loisir de discuter les arrêts célestes ; de vous élever contre eux ; et quelques jours à peine vous séparent peut-être de la plus formidable catastrophe sociale de tous les âges ! Il ne reste que le temps de prier, pour apaiser, en partie du moins, l'indignation et le courroux du Maître tout-puissant ; et vous demeurez engourdis, ou plutôt vous vous répandez en plaintes folles, en vaniteuses oppositions !

Eh bien ! nous, qui n'avons pas cherché l'occasion de vous gourmander, mais qui ne saurions résister à l'Esprit qui souffle où il veut, nous vous disons : « Les infractions aux préceptes éternels sont montées jusqu'au trône de la Trinité, et l'expiation, l'expiation inéluctable, s'étend sur la terre pour l'envelopper. Nous nous endormirons peut-être ce soir dans un calme illusoire, pour nous éveiller demain dans les secousses et les conflagrations. »

C'est en 1846 que la sainte Vierge, toujours généreuse envers les enfants des hommes, rachetés par son Fils, descendit sur les hauteurs de la Salette, pour nous avertir et des maux qui ont frappé les peuples depuis, et des châtiments plus effrayants encore prêts à fondre sur eux. Depuis, loin de revenir au bien, les cœurs se sont endurcis, la depravation a franchi toutes limites. La prophétie de la Salette, qui a précédé les Apparitions de Lourdes, de Pontmain et tant d'autres avertissements d'En-Haut, n'a pas été crue ; mais la Vierge clémente a résolu, une fois de plus, de la replacer vivante sous les regards de tous. Débile instrument de cette volonté, nous adorons les mystères infinis, en nous écriant avec le psalmiste : *Credidi, propter quod locutus sum.*

Allez, pages qui êtes issues de plumes si au-dessus de la nôtre, allez et répandez-vous au loin ! Que toute bonne volonté vous propage ! que tout foyer chrétien vous reçoive ! que les sentiments généreux des Evêques qui prennent ici la parole soient compris, et que la miséricordieuse sollicitude de notre Mère immaculée obtienne son heureux et plein effet !

ADRIEN PELADAN.

LETTRE de Sa Grandeur Mgr Sauveur-Louis ZOLA,

ÉVÊQUE DE LECCE,

A un Curé d'un diocèse de France.

—

VESCOVADO
DI
Lecce.
—

Lecce, le 24 mai 1880.

MONSIEUR LE CURÉ,

Je déplore vivement l'opposition que la France fait maintenant au céleste Message de la Salette. Nous sommes déjà à la veille des châtiments terribles dont nous a menacés la Mère de Dieu, à cause de nos prévarications, et cependant nous préférons repousser les avertissements d'une Mère si tendre et si miséricordieuse, plutôt que de profiter de ses leçons, seul acte de notre part qui pourrait diminuer l'intensité des fléaux dont nous menace la colère divine. Je reconnais en cela l'œuvre de notre vieil ennemi, qui a le plus grand intérêt à exploiter tout moyen, surtout auprès des ministres de Dieu, *ut videntes non videant et intelligentes non intelligant.*

Votre pieuse croyance et votre dévotion filiale à Notre-Dame de la Salette vous engage à me demander beaucoup de choses et de renseignements au sujet du secret de Mélanie; aussi, me vois-je dans l'embarras en voulant vous satisfaire par une simple lettre.

Toutefois, je m'efforcerai de me conformer à vos désirs autant qu'il me sera possible.

Ce ne fut que le 3 juillet 1851, que Mélanie écrivit elle-même son secret, pour la première fois, au couvent de la Providence, à Corenc, par ordre de Mgr de Bruillard, évêque de Grenoble, et en présence de M. Dausse, ingénieur en chef des ponts et chaussées et de M. Taxis, chanoine de la cathédrale de Grenoble. Mélanie remplit trois grandes pages d'un seul trait, sans rien dire, sans rien demander. Elle signe sans relire, plie son secret, et le met dans une enveloppe. Elle met ainsi l'adresse :

« A Sa Sainteté Pie IX, à Rome. »

Le lendemain 4 juillet, le secret est recopié par Mélanie elle-même, à l'évêché de Grenoble, dans le but de bien distinguer deux dates des évènements qui ne doivent pas arriver à la même époque. Mélanie, n'ayant mis la première fois qu'une seule date, craignait que, pour ce motif, le Pape ne comprît pas bien, et qu'il y eût par conséquent équivoque.

Le 18 juillet, M. Gérin, curé de la Cathédrale de Grenoble, et M. Rousselot, vicaire-général honoraire, deux saints prêtres d'un âge avancé et très-respectables à tous égards, remettaient à Sa Sainteté Pie IX les lettres de Mgr de Grenoble et celles de Maximin et de Mélanie renfermant leurs secrets.

Mélanie n'a pas envoyé à Sa Sainteté Pie IX tout le secret qu'elle a publié dernièrement, mais seulement tout ce que la sainte Vierge lui inspira sur l'heure d'écrire de cet important document, et en outre bien des choses qui pouvaient concerner Pie IX personnellement. Toutefois, par suite d'informations que je vous donne *comme très-précises*, je sais que les reproches adressés au clergé et aux communautés religieuses étaient contenus *identiquement* dans la partie du secret donnée à Sa Sainteté Pie IX.

L'heureuse bergère de la Salette communiqua plus tard à diverses personnes quelques autres parties du secret, lorsqu'elle jugeait que le moment opportun pour les publier était arrivé. Mais la publication du secret tout entier n'a été faite que dans la brochure écrite par Mélanie elle-même et imprimée à Lecce en 1879, sur la demande et aux frais d'une pieuse personne.

En 1860, à Marseille, un des directeurs de Mélanie obtint un manuscrit du secret; il me fut remis à moi-même en 1869, lorsque j'étais le directeur spirituel de Mélanie, par ordre de Mgr Petagna, évêque de Castellamare de Stabia. Le 30 janvier 1870, Mélanie livra entre les mains de M. l'abbé Félicien Bliard ce même document, avec sa déclaration d'authenticité et sa signature, mais avec de petites réticences indiquées par des points et par des etc..., remplaçant ainsi les parties du secret qu'elle ne jugeait pas devoir encore dévoiler. La partie concernant les prêtres et les religieux, presque entière, y était à sa place. M. l'abbé F. Bliard en adressa de Nice une copie, le 24 février 1870, certifiée conforme, au R. P. Séménenko, consulteur de l'Index à Rome et supérieur du séminaire polonais. Il fit de même pour plusieurs dignitaires de l'Eglise. Cependant le secret de la bergère de la Salette s'était répandu déjà partout, en manuscrit, surtout dans les communautés religieuses et parmi le clergé.

En 1873, M. l'abbé F. Bliard publia ce document, tel qu'il l'avait reçu de Mélanie en 1870, avec ses savants commentaires, dans une brochure intitulée : « *Lettres à un ami sur le secret de la bergère de la Salette.* » Cette brochure parut à Naples avec l'approbation, donnée le 30 avril 1873, par la curie de son Eminence le cardinal Xyste-Riario Sforza, archevêque de Naples ; je puis certifier moi-même l'authenticité de cette approbation, et aussi l'authenticité de la lettre que j'adressai à M. l'abbé F. Bliard, en date du 1er mai 1873, après ma promotion à l'évêché de Ugento, lettre qui fut imprimée à la première page de la dite brochure.

M. C.-R. Girard, savant directeur de la *Terre-Sainte* à Grenoble, tenant de M. F. Bliard le secret de Mélanie, le publia dès 1872 dans son livre intitulé : « *Les secrets de la Salette et leur importance.* » Cette brochure n'était que le premier de cinq bien importants opuscules qui ont paru plus tard, et qui sont destinés par le même auteur à justifier et à confirmer les révélations de la Salette, ainsi qu'à les défendre des attaques de ses ennemis. Ces ouvrages de M. Girard ont été honorés de l'agrément et de la bénédiction de Sa Sainteté Pie IX et des encouragements de plusieurs théologiens et évêques catholiques. L'*Avenir dévoilé*, dans son supplément, contenait aussi le Message à peu près conforme à celui publié par M. F. Bliard.

Je vous dirai encore que pendant plusieurs années, étant l'abbé des chanoines réguliers de Latran à Sainte-Marie de Piedigrotta à Naples, en ma qualité de supérieur de cet ordre, j'ai eu l'occasion d'entretenir des relations avec de très-respectables prélats et princes de l'Eglise romaine. Ils étaient assez bien informés à l'égard de Mélanie et de son secret, ils avaient reçu presque tous ce document. Eh bien ! tous, pas un seul excepté, portèrent un jugement tout à fait favorable à cette divine révélation et à l'authenticité du secret. Je me borne à vous citer entre autres : Mgr Pétagna, évêque de Castellamare de Stabia, qui tenait sous sa tutelle, depuis quelques années, la bonne bergère de la Salette ; Mgr Mariano Ricciardi, archevêque de Sorrento ; Son Eminence le cardinal Guidi ; Son Eminence le cardinal Xyste-Riario Sforza, archevêque de Naples... Ces saints et vénérables pasteurs m'ont parlé toujours de façon à me confirmer profondément dans ma croyance, devenue désormais inébranlable, à la divinité des révélations renfermées dans le secret de la bergère de la Salette. Je tiens aussi *de source certaine* que notre saint Père Léon XIII a également reçu ce même document *tout entier*.

Je n'oublie pas, mon cher monsieur le Curé, que le secret contient des vérités bien dures à l'adresse du clergé et des communautés religieuses. On se sent le cœur oppressé et l'âme toute terrifiée quand on aborde de semblables révélations. Si je l'osais, je demanderais à Notre-Dame pourquoi elle n'a pas enjoint de les ensevelir dans un éternel silence. Mais poserons-nous des questions à Celle qui est appelée le trône de la sagesse? Profiter de ses leçons, voilà toute notre tâche.

Cependant, les plaintes de notre très-miséricordieuse Mère et les reproches adressés aux pasteurs et aux ministres de de l'autel ne sont pas sans raison ; et ce n'est pas la première fois que le Ciel adresse au clergé de semblables reproches destinés à devenir publics. Nous en trouvons dans les psaumes, dans Jérémie, dans Ezéchiel, dans Isaïe, dans Michée, etc., dans les œuvres des Pères et des docteurs de l'Eglise, dans les sermons des évêques et des auteurs sacrés, dans plusieurs révélations qui ont été faites en ces derniers temps à des saints et à des saintes ; dans les lettres de sainte Catherine de Sienne, dans les écrits de sainte Hildegarde, de sainte Brigitte, de la bienheureuse Marguerite-Marie Alacoque, de sœur Nativité, de l'extatique de Niederbronn, Elisabeth Eppinger, de sœur Marie Lataste, de la servante de Dieu Elisabeth Canori Mora, etc... Je passe sous silence les révélations de sainte Thérèse, de sainte Catherine de Gênes, de Marie d'Agréda, de Catherine Emmerich, de la vénérable Anna-Maria Taïgi et de plusieurs autres.

Il est toutefois certain qu'il ne faut pas prendre au pied de la lettre les termes généraux concernant les reproches adressés au clergé et aux communautés religieuses ; car il existe un langage qui est propre au style prophétique. Aussi, les termes du secret, pas plus que les termes prophétiques de nos saints livres, ne peuvent-ils nous inspirer du mépris ou de la défiance pour ceux qui auront toujours droit à notre respect, à notre estime et à notre confiance.

Nous nous réjouissons d'ailleurs en voyant dans le sein de l'Eglise des pasteurs et des Ministres resplendissants par l'éclat de la science et de la sainteté : que de belles âmes, que d'âmes vraiment nobles, généreuses, pleines de charité, avides de dévouement et de sacrifices n'y trouve-t-on pas ? Peut-être, monsieur le Curé, vous qui voyez fleurir autour de vous tant de fervents ministres de Dieu, vous aurez peine à comprendre les révélations si humiliantes et les paroles menaçantes et terribles adressées par l'Auguste Mère de Dieu à la phalange sacerdotale ! Ah ! s'il en était de même partout ! Mais n'oublions pas, Monsieur, que la divine Mère embrasse de son regard l'univers tout entier, et que son œil si pur peut être attristé par bien des choses que nous ne pouvons ni connaître, ni même soupçonner, quelque pénible et humiliant qu'il puisse être pour nous d'entendre les révélations qui tombent des lèvres virginales de cette bonne Mère ; prions-la d'obtenir de Dieu pour nous la grâce de les recevoir avec reconnaissance et avec fruit. Rien, si ce n'est notre docilité, ne pourra diminuer la rigueur des châtiments qui nous sont réservés et hâter l'avènement du règne de la justice et de la paix.

Quant au secret imprimé à Lecce, je vous assure qu'il est identique à celui qui me fut donné par Mélanie en 1869 ; elle a comblé seulement dans ce dernier ces lacunes, ces petites réticences qui, du reste, étaient loin de rien ajouter ou de rien ôter à la substance de ce document. Je l'ai moi-même fait examiner par ma curie épiscopale, suivant les règles de l'Eglise, et mon vicaire général, n'ayant trouvé aucune raison qui pût s'opposer à la publication du secret, a délivré sa licence d'imprimer en ces termes : « *Nihil obstat, Imprima-*

tur », à la personne qui voulait le publier à ses frais et selon ses pieuses intentions. Cette approbation, ainsi qu'on le voit à la fin de la brochure, a été bien donnée le 15 novembre 1879. La brochure a été écrite réellement et entièrement par Mélanie Calvat, bergère de la Salette, laquelle était surnommée Mathieu. Il n'est pas possible d'élever des doutes sur l'authenticité de cette brochure.

Voici maintenant ce qui concerne la personne de Mélanie. Cette pieuse fille, cette âme vertueuse et privilégiée, que la haine des méchants et des incrédules a cherché à avilir en la faisant l'objectif de ses détestables et grossières calomnies et de son orgueilleux dédain, je puis attester devant Dieu qu'elle n'est, en aucune manière, ni fourbe, ni folle, ni illusionnée, ni orgueilleuse, ni intéressée. J'ai eu, au contraire, l'occasion d'admirer les vertus de son âme, ainsi que les qualités de son esprit, pendant toute cette période de temps que je l'eus sous ma direction spirituelle, c'est-à-dire de 1868 jusqu'en 1873. A cette dernière époque, à la suite de ma promotion de supérieur des chanoines réguliers à l'évêché de Ugento, ne pouvant désormais m'occuper de sa direction, j'ai voulu toutefois continuer avec elle des relations écrites. Je puis affirmer que, jusqu'à ce moment, sa vie édifiante, ses vertus, ses écrits, ont gravé profondément dans mon cœur les sentiments de respect et d'admiration que je dois garder bien justement à son égard.

Notre saint Père Léon XIII, en 1879, a daigné honorer Mélanie d'une audience privée et la charger aussi de la compilation des règles du nouvel ordre, préconisé et réclamé par Notre-Dame de la Salette, et intitulé : « *Les apôtres des derniers temps* ». Pour achever une telle rédaction, l'ex-bergère demeura pendant cinq mois dans le couvent des Salésiane, à Rome. Pendant ce temps, elle a été encore mieux connue et plus estimée, surtout par ces bonnes religieuses, qui ont donné de très-favorables attestations sur le compte de cette heureuse bergère de la Salette.

Je sais enfin, par mes informations, que M. Nicolas, avocat à Marseille, étant à Rome le samedi saint 1880, a été chargé par Sa Sainteté Léon XIII de rédiger une brochure explicative du *secret tout entier*, *afin que le public le comprenne bien.*

Ces renseignements suffiront, je crois, pour vous confirmer dans votre croyance. J'aurais beaucoup à vous dire encore, mais je ne veux pas vous entretenir plus longtemps dans une lettre d'une question qui ne pourrait être dignement et complètement traitée que dans un livre.

Recevez, mon cher monsieur le Curé, les sentiments de ma considération respectueuse et distinguée.

Votre très-humble serviteur en N.-S.,

Signé : † SAUVEUR-LOUIS, évêque de Lecce.

DEUX LETTRES RÉCENTES DE MÉLANIE.

J. M. J.

Castellamare, 25 mars 1880.

Mon très-révérend et très-cher père,

Que Jésus soit aimé de tous les cœurs !

J'ai reçu votre bonne lettre ainsi que les cinquante francs que vous avez eu la bonté de m'envoyer (1) et dont je vous

(1) La pauvreté de Mélanie est absolue ; elle vit de quelques offrandes. (*Note d'A. P.*)

suis très-reconnaissante. Je prie la très-sainte Vierge de vous en récompenser comme vous le méritez, car, moi, je suis incapable de vous en témoigner ma reconnaissance comme je le voudrais.

Je ne puis vous écrire une longue lettre ; ma mauvaise santé ne me le permet pas, et c'est à peine si je puis tenir la plume. Dieu soit béni de tout et toujours.

Je regrette vivement de n'avoir plus aucun exemplaire de l'opuscule (1) ; en peu de temps ils ont tous été expédiés en France et en Italie.

En France, on fait une guerre acharnée contre ce petit livre. La vérité pique. Et cependant cela ne vient pas de moi ; je ne suis que le faible et indigne écho de notre tendre Mère.

Je prie, je prierai pour vous, mon très-cher père ; la reconnaissance m'en fait un devoir.

Prions aussi pour notre pauvre France, afin qu'elle ouvre les yeux avant d'être frappée.

Veuillez prier pour moi et me bénir.

Agréez l'hommage du plus profond respect avec lequel j'ai l'honneur d'être, mon très-révérend et très-cher père,

Votre très-humble et très-reconnaissante servante.

MARIE DE LA CROIX, victime de Jésus.

Vive Notre-Dame de la Salette !

(1) Sa pieuse brochure, publiée avec l'*imprimatur* de l'Ordinaire et dont il est question dans la belle lettre qui précède de S. G. Mgr l'Evêque de Lecce.

J. M. J.

Castellamare de Stabia, le 9 mai 1880.

Mon très-révérend et très-cher père,

Que Jésus soit aimé de tous les cœurs !

Je suis désolée de n'avoir pu lire qu'imparfaitement votre bonne lettre si pleine de bons sentiments, de foi et d'amour pour notre divine Mère Marie. Depuis environ trois ans, ma vue baisse considérablement, à ce point que je ne reconnais plus les personnes que j'avais vues autrefois, et même si un livre est écrit ou non. Heureusement et grâce à Dieu, je puis encore marcher seule. En écrivant, c'est plutôt par la longue habitude que je le fais, mais avec de très-fortes lunettes, et parfois avec deux les unes sur les autres. Le Seigneur soit béni de tout. C'est Dieu qui donne la vue, c'est lui qui l'ôte quand il lui plaît. Si je n'étais pas dans un pays étranger, j'aurais pu trouver une personne de confiance pour me faire lire bien des lettres que souvent je ne parviens pas à déchiffrer ; mais ici, dans mon isolement, je suis vraiment exilée de toutes les manières. Que le Seigneur en soit glorifié !

Je vous remercie bien, mon très-cher père, de la somme que vous avez eu l'extrême bonté de m'envoyer : j'exprime ma gratitude aux dignes personnes qui ont bien voulu la former.

Elles ont un droit particulier à mes pauvres prières. Oui, dites-leur bien de ma part que je ne les oublie pas devant le crucifix que j'invoque, selon leurs intentions, pour eux et pour leurs familles. Je supplierai la très-sainte Vierge de les garder, de les protéger d'une manière spéciale, pendant la persécution, pendant la terrible tempête des fléaux destructeurs, tempête qui certainement éclatera, parce que l'on ne se convertit pas et que la foi est presque morte. Merci donc mille fois, et que votre aumône soit comme une arrhe de la vie des bienheureux dans le ciel.

Vous me pardonnerez, mon très-cher père, si je ne réponds pas à tout ce que vous me dites, n'ayant pas pu lire entièrement votre lettre. Vous avez répandu la brochure (1); que la Vierge Marie vous en récompense sur la terre et dans l'immortel séjour. Malheureusement il y a encore bien des incrédules, et parmi ces incrédules, il y en a de bonne comme de mauvaise foi. Leur sentence est dans l'Ecriture : Les impies n'en deviendront que plus impies ! C'est l'impénitence finale. Pour ne pas quitter le vice, ils préfèrent ne pas croire.

D'autres personnes disent que le secret est exagéré; que le mal n'est pas à ce point. Dans ce cas, il faudrait croire que la sainte Vierge s'est trompée ? La sainte Vierge peut-elle se tromper ? Non ! non ! Ouvrons les yeux, regardons autour de nous : Où est la foi ? Où est la piété ? Où est l'heureuse crainte de Dieu ? Où est l'amour de la prière, de la pénitence, de l'expiation, de la réparation ? Où est l'obéissance à la Loi du Christ et de son Eglise ? On travaille le dimanche. On blasphème. Où est le culte de la famille, le respect dû aux parents ? Où est la charité ? On ne voit qu'injustice, fraude, jalousie, envie. On est pleins de vanité, d'orgueil. On est égoïstes. On cherche les plaisirs. On est légers, indifférents envers Jésus-Christ et ses divins préceptes. Et ceci n'est encore rien... tant le mal est profond. Or, ce mal effrayant appelle des châtiments formidables. C'est à ce prix que les yeux seront dessillés; que les endormis seront arrachés à leur sommeil, et que la foi reprendra sa vie.

L'opuscule imprimé à Lecce est complètement épuisé. Si le

(1) Où elle a consigné son céleste secret.

Seigneur inspirait à quelques bonnes âmes de le rééditer, avec la permission d'un évêque selon le cœur de Jésus, ce serait bien à désirer. En ce qui me concerne, je donne toute permission à cet effet, pourvu qu'il y ait l'autorisation d'un évêque, afin que Notre-Seigneur bénisse cet ouvrage, et que les avertissements de Marie soient reçus avec respect et amour.

Combien il est à souhaiter que la France entière fasse la pénitence que firent les Ninivites, pour ne pas voir les fléaux fondre sur elle ! Beaucoup de personnes désirent contempler le triomphe de l'Eglise. Elles ne s'imaginent presque pas quels seront les désastres qui dévoreront la terre d'Europe. On estime, en général, que cela se bornera à une guerre, à une persécution du clergé, à une peste, à une famine, à des tremblements de terre, etc. Je veux bien croire aussi qu'en premier lieu ces châtiments auront lieu, mais après cela, qui pourra fuir? Qui pourra se cacher aux regards courroucés de Dieu lui-même et échapper à sa juste vengeance?

Les hommes se fatigueront à verser le sang. Dieu exterminera les méchants et les endurcis. Que ne puis-je mourir mille fois pour empêcher tant de catastrophes ! Mais, hélas ! que suis-je, moi, que poussière et néant !

Il me semble que les événements devraient arriver vers 1881. Puissé-je me tromper ! Puisse le Très-Haut exaucer mes prières ; ne point détruire l'ouvrage de ses mains révolté contre lui, et nous attirer à lui par l'immensité de sa force et de sa miséricorde.

Unissons-nous, implorons, réparons, expions, faisons pénitence. Plaçons la Vierge Marie à la tête de notre armée et marchons avec elle sans respect humain. Ne profanons plus le dimanche. Avertissons ceux que nous voyons travailler, chasser, vendre ce jour-là. Prévenons ceux qui blasphèment.

Assistons aux offices de la paroisse. Prêchons à temps et à contre-temps. Si Marie, l'auguste Vierge, est avec nous, nous serons plus forts que la colère de Jésus-Christ, parce que le Sauveur ne résiste pas aux larmes de sa Mère. Implorons, agissons, et ne nous décourageons pas. Souffrons les tribulations, les humiliations avec amour. Il suffit que le divin Maître soit glorifié, et son peuple sera sauvé, et avec lui les chefs, nos conducteurs : le Souverain-Pontife, les cardinaux, les archevêques, les évêques, les prêtres.

Palma, dont vous me parlez, est à Oria, ville très-éloignée d'ici. En chemin de fer, pour y arriver, il faut à peu près deux journées. J'y suis allée deux fois. En ce moment, cette Voyante vit retirée, *seule*, dans une petite maison qui lui a été achetée. Elle continue à recevoir la Communion d'une manière extraordinaire. Elle dit que ce sont les anges qui la lui portent. J'ai vu l'hostie ainsi reçue par elle. Je ne connais pas d'autres personnes dans le même état.

Prions, prions, immolons-nous à Jésus, pour sauver notre pauvre France, qui renie son Dieu, sa loi sainte, ses commandements. Prions, faisons pénitence !

Je vous prie de ne pas m'oublier à l'autel et de me bénir.

Agréez l'hommage du profond respect, avec lequel j'ai l'honneur d'être,

Mon très-Révérend et très-cher Père, votre très-humble servante,

Marie de la Croix, victime de Jésus,
née Mélanie Calvat, bergère de la Salette.

L'œil de Dieu veille sur moi,
Mon salut est dans la Croix,
Vive Notre-Dame de la Salette !

Quelques témoignages épiscopaux sur le miracle de la Salette.

LETTRE de l'illustre et vénérable métropolitain de Milan, Mgr Bartholomeo-Carlo ROMILLY,

A Mgr DE BRUILLARD, ÉVÊQUE DE GRENOBLE,

Le 21 septembre 1852,

A l'occasion de ses deux admirables et magnifiques mandements sur le grand évènement de la Salette.

Le premier, du 19 septembre 1851, portant jugement doctrinal et canonique en faveur de la vérité indubitable et certaine de l'apparition ;

Le deuxième, du 18 mai 1852, autorisant l'érection d'un nouveau sanctuaire à Marie, sur la Sainte-Montagne de la Salette.

« *A l'illustrissime et révérendissime Mgr de Bruillard, évêque de Grenoble.*

» Illustrissime et révérendissime seigneur,

» Si, comme Votre Grandeur l'écrivait dans son beau Mandement du 14 mai de cette année, ç'a été pour elle une honorable mission, un devoir sacré, un droit et un bonheur que le Ciel lui réservait, d'avoir eu à proclamer la vérité d'une apparition de l'auguste Mère de Dieu sur la montagne de la Salette, *c'est aussi un devoir et une gloire pour tout évêque catholique d'en répandre partout la consolante connaissance.* Car c'est avec toute vérité que Votre Grandeur dit que la bienheureuse Vierge a apparu à la Salette, pour le bien de tout le monde. Aussi est-il juste que tout le monde la loue et concourre à lui élever un monument solennel de reconnaissance.

» Aussi est-ce avec la plus grande satisfaction que j'ai vu un grand nombre de mes diocésains s'affectionner à la dévotion envers la Vierge de la Salette ; et tout mon appui ne pouvait faire défaut aux personnes pieuses qui, dans ces derniers temps, ont pensé à réimprimer le rapport du prodigieux événement, et à en consacrer exclusivement le produit au sanctuaire qui se construit en ce moment sur le lieu de l'apparition. De cette susdite réimpression, je me réserve l'honneur d'offrir un exemplaire distingué à Votre Grandeur ; j'y joins aussi quelques exemplaires pour votre très-digne vicaire général, M. Rousselot, auteur du rapport primitif. J'aurai soin, dans la suite, d'envoyer à Votre Grandeur, pour le but déjà désigné plus haut, le produit qui se retirera de la vente de cette édition, tirée à grand nombre.

» Je me suis empressé aussi de faire hommage de cet ouvrage au Saint-Père et aux personnes qui occupent près de lui les charges les plus éminentes. J'en ai envoyé aussi à mes suffragants et à d'autres prélats distingués. Puisse la Vierge qui, dans des temps si difficiles, a voulu nous donner une si grande preuve de son intérêt pour nous, agréer ces efforts de notre vive reconnaissance, et nous faire éprouver tous les effets bienfaisants de sa puissante protection.

» En recommandant aux ferventes prières de Votre Grandeur ma personne et mon diocèse, je me déclare, avec le respect le plus profond,

» De Votre Seigneurie illustrissime et Révérendissime,

» Le tout dévoué et très-obligé serviteur,

» † Bartholomeo-Carlo Romilli,

» Archevêque de Milan.

» De la villa archiépiscopale de Gropello, le 21 septembre 1852. »

(Tirée du troisième volume du rapport officiel de M. l'abbé Rousselot, chanoine, vicaire général honoraire et professeur de morale au Séminaire diocésain de Grenoble, publié à la fin de l'année 1852.)

M. Rousselot ajoutait à la suite de cette lettre la page suivante :

Cette traduction est précédée d'une belle préface que nous regrettons de ne pouvoir donner en entier. L'auteur, M. l'abbé Louis Speroni, professeur au Séminaire archiépiscopal, curé du Saint-Sépulcre à Milan, annonce d'abord qu'il n'engagera point une polémique avec les incrédules qui rejettent tous les miracles, ni avec certains catholiques qui prétendent qu'il peut s'en faire, mais qu'il n'y en a point de vrais. Il se borne à combattre la fausse prudence de ceux qui redoutent la publication des vrais miracles comme donnant occasion à l'incrédulité de blasphémer contre ceux qui servent de fondement à la Religion. « Mais le scandale pharisaïque, continue l'auteur (M. » Speroni) doit-il empêcher de publier les œuvres de Dieu ? » Faut-il refuser un remède à celui qui veut guérir, parce que » d'autres tournent le remède en poison ? Publions donc l'ap» parition de la sainte Vierge à la Salette, parce qu'elle peut » faire rentrer en eux-mêmes les pécheurs et rendre les justes » meilleurs ; parce qu'elle nous rappelle l'infinie miséricorde » de Dieu, qui punit à regret et nous avertit avant de nous » punir ; parce qu'elle nous fait connaître la bonté et la puis» sance de Marie, s'interposant comme une tendre mère entre » Dieu justement irrité et les malheureux pécheurs... Cette » dévotion à Notre-Dame de la Salette s'est aussi répandue » dans notre ville de Milan, à cause des grâces singulières et » même miraculeuses que beaucoup de personnes ont obtenues. » Un grand nombre de témoins très-dignes de foi attestent,

» entre autres, la guérison d'une jeune personne atteinte depuis
» plusieurs années d'une maladie très-grave qui avait résisté
» à toutes les ressources de l'art. Annoncer un tel fait, c'est
» prêter à rire à certaines gens, qui cependant admettent
» aveuglément les effets étranges attribués au magnétisme.
» Mais rire, ce n'est pas faire résoudre une question ; rire, ce
» n'est pas faire preuve d'abondance, mais plutôt de pauvreté
» de raisons ; rire, ce n'est pas répondre... Heureux les peu-
» ples qui, ayant imité la France dans les choses où elle ne
» doit pas être imitée, voudront à son exemple honorer d'une
» manière spéciale la grande Mère de Dieu et des hommes...
» Et si les temps ne devenaient pas meilleurs ;... si Dieu, las de
» nos iniquités, laissait tomber son bras irrité sur nous ; ... à
» qui en serait la faute ? Mais laissons de côté de sinistres présa-
» ges : nous voulons entrer dans les desseins du Seigneur ; nous
» voulons nous confier à Marie, et par Marie, il nous est per-
» mis de tout espérer. »

(Même auteur, même volume).

Mgr l'évêque de Mende inséra dans un de ses mandements une partie de celui de Mgr de Grenoble, et le 20 janvier 1852, il lui écrivit la lettre suivante :

« Monseigneur,

» Votre Grandeur est bien bonne de me remercier de ce que j'ai été si heureux de faire pour contribuer, bien en petit, à la gloire de la sainte Mère de Jésus et pour apporter mon grain de sable à la construction du temple qu'il vous sera donné de lui consacrer. J'envie votre bonheur, Monseigneur, de ce que votre diocèse a été favorisé de la présence de cette auguste Mère; de ce que le fait miraculeux, suivi de tant d'autres, s'est accompli sous votre épiscopat; de ce qu'il vous a été donné, par votre déclaration solennelle, non-seulement de le constater authentiquement, mais encore de lui donner le retentissement et la célébrité qui lui sont dus, et par votre pieux projet d'en perpétuer la mémoire et d'ouvrir à Marie un sanctuaire de plus que tout le monde vous envierait aussi, s'il n'était pas un peu pour tout le monde. *Ce bonheur, qui est échu à Votre Grandeur, j'ai voulu le partager un peu à ma manière et aussi assurer, s'il était possible, à mes chers diocésains, leur part des inestimables faveurs qui doivent résulter de l'apparition miraculeuse, non-seulement pour le diocèse de Grenoble, mais encore pour tout le monde chrétien.* Car, si nous étions des chrétiens dignes de ce nom, tous nous devrions profiter des leçons et des avertissements que Notre-Seigneur nous fait donner par son auguste Mère, ce qui est une preuve éclatante qu'il ne nous a pas abandonnés, mais ce qui devrait bien aussi nous faire comprendre la nécessité de nous rendre à ses vœux et de rentrer en nous-mêmes.

» Agréez, etc.

» † JEAN A.-M., *évêque de Mende* ».

—

Monseigneur l'évêque de Luçon, après sa charmante lettre de félicitation, de remerciement et d'offrande à Monseigneur de Grenoble, sur le même sujet, du 21 novembre 1851, et son magnifique mandement à ses diocésains sur la Salette, du 30 juin 1852, écrivait à Mgr de Bruillard, le 11 août 1852 :

**

« *J'ai cru devoir faire connaître, par une lettre pastorale, à mes excellents diocésains, l'apparition de Notre-Dame de la Salette et la construction du nouveau sanctuaire consacré à Marie, qui doit perpétuer le souvenir de ce prodige.* Les maux qui nous menacent doivent être bien affreux, puisque l'Auguste Mère de Dieu a voulu tout révéler à ses enfants : les châtiments et l'indulgence, les fléaux et les miséricordes.

» J'ai l'honneur de vous adresser deux exemplaires de ma lettre pastorale. *J'ai élevé ma faible voix à l'honneur de notre commune Mère après votre voix forte et puissante.* Je demande à Dieu que chaque évêque de France offre à Marie le pieux tribut de ses lèvres.

» Vous êtes bien bon d'ajouter quelque prix à cette petite lettre que j'ai mise aux pieds de Notre-Dame de la Salette.....

» Elle doit se trouver depuis cinq à six jours entre les mains de Son Eminence le cardinal Fornari.

» J'apprends avec plaisir que M. Rousselot va publier de nouveaux écrits sur cette apparition si consolante.

» Je suis, etc.,

» † JAC.-MAR.-JOS., évêque de Luçon ».

(*Tiré du même volume.*)

Un autre évêque, Monseigneur l'évêque de C***, écrivait à Monseigneur l'évêque de Grenoble, à la date du 18 novembre 1851 :

« *J'ai reçu, il y a deux jours, votre mandement sur le miracle de la Salette. Je l'ai lu et relu, et j'ai reconnu dans votre conduite votre sagesse et votre rare prudence. Vous avez mené cette affaire en perfection. Et ce miracle éclatant, appuyé de votre approbation épiscopale, sans compter les autres circonstances qui en démontrent la réalité*, doit faire un grand effet dans l'Eglise de France, à la veille de grands événements ou plutôt de la plus effrayante catastrophe que Dieu ait jamais permise, si toutefois sa bonté ne tempère au moins sa justice.

—

MANDEMENT de Mgr l'Evêque de Grenoble à l'occasion du carême de 1879, sur la dévotion de Notre-Dame de la Salette.

Le digne successeur de Mgr de Bruillard, de Mgr Ginoulhiac et de Mgr Paulinier, avait déjà vengé le culte de Notre-Dame de la Salette contre une assertion injurieuse sur la légitimité de ce culte, lorsqu'il a voulu, par un mandement, glorifier les faits miraculeux de la sainte Montagne et la suite providentielle qu'ils ont eue, et qui éclatent plus particulièrement à l'heure qu'il est.

Nous reproduisons plusieurs pages de ce monument pieux, écrit avec une conviction profonde, au nom de tant d'imposantes autorités.

« Nous disons que le Fait de l'apparition de la sainte Vierge à la Salette est un fait certain, au même titre que les faits historiques les mieux prouvés auxquels il a plu à Dieu d'apposer son cachet. Nous le disons, parce que ce Fait a été l'objet d'une étude approfondie en lui-même, d'un examen complet dans toutes les circonstances qui l'accompagnent; et que Mgr de

Bruillard, évêque de Grenoble à cette époque, a été d'une prudence parfaite dans l'examen, la conduite et le jugement de cette question. » (p. 4).

Après avoir mentionné les rapports de 1847, le mandement doctrinal de 1851, les témoignages de Mgr de Villecourt, de de M. l'abbé Dupanloup, de Mgr Parisis, Mgr Fava ajoute :

« Enfin, on avait pris les conseils de plusieurs personnes qui approchaient le souverain Pontife. Le cardinal Lambruschini avait dit à M. Rousselot qu'il croyait fermement à l'Apparition de la sainte Vierge à la Salette, qu'il l'avait prêchée dans son diocèse, et que cette prédication avait opéré beaucoup de fruits de salut. »

Le mandement de Mgr de Bruillard contenait ces dispositions :

« Un rescrit du 24 août 1852 déclare privilégié à perpétuité le grand autel du sanctuaire de la Salette. »

« Art. 5. — Nous défendons expressément aux fidèles et aux prêtres de notre diocèse de jamais s'élever publiquement, de vive voix ou par écrit, contre le Fait que nous proclamons aujourd'hui, et qui dès lors exige le respect de tous. » (p. 10).

« Un rescrit du 26 août 1852 accorde la permission de dire la messe votive *de Beatâ* tous les jours de l'année, excepté les grandes fêtes et les féries privilégiées, à tous les prêtres qui viennent à la Salette.

» Un Bref du 3 septembre 1852 accorde une indulgence plénière une fois par an à tous ceux qui visiteront l'église de Notre-Dame de la Salette.

» Un bref du même jour porte érection en archiconfrérie de la confrérie de Notre-Dame de la Salette, sous le vocable de *Notre-Dame Réconciliatrice*, avec de nombreuses faveurs spirituelles.

» Enfin un indult du 2 décembre 1852, de Sa Sainteté Pie IX, accorde, sur la demande de Mgr l'évêque de Grenoble, la permission de célébrer, chaque année, la fête de Notre-Dame de la Salette, le 19 septembre ou le dimanche suivant, dans toutes les églises du diocèse, par une messe solennelle et le chant des vêpres, en l'honneur de la sainte Vierge. » (p. 11),

Suivent ces alinéas caractéristiques :

« Nous ne saurions oublier ici que Mgr Ginoulhiac, successeur de Mgr de Bruillard, n'est pas demeuré étranger à la question du culte de Notre-Dame de la Salette. Les diocèses qui ont connu Mgr Ginoulhiac savent sa science profonde, son caractère plein de modération, de bonté et de force contenue, en un mot, la valeur très-grande qui s'attache à ses jugements et décisions. Or, nul n'ignore, parmi vous, nos très-chers Frères, la longue et belle défense présentée par ce docte Pontife, soit au diocèse, soit à Rome, pour maintenir et rendre plus affirmatif encore le jugement doctrinal, porté par Mgr de Bruillard. »

» Mgr Paulinier, qui a occupé ensuite le siège de Grenoble, a parlé dans ses mandements et agi comme ses prédécesseurs, en ce qui concerne l'apparition de la sainte Vierge à la Salette. On se souvient que c'est la montagne de la Salette qui a vu le premier *pèlerinage national ;* que Mgr Paulinier tint à honneur de le présider, et qu'il célébra la divine Réconciliatrice des pécheurs par les plus beaux accents de son éloquence.

» Nous devons, du reste, nos très-chers Frères, vous rappeler, ici, la joie qui éclata dans le monde catholique aussitôt après la promulgation du jugement doctrinal de Mgr de Bruillard. Ce fut un concert de félicitations et d'adhésions. Un grand nombre d'archevêques et d'évêques écrivirent au prélat pour le remercier. Puis parurent une foule d'ouvrages, dont les auteurs appartiennent à toutes les classes de la société, à toutes les nations. La route qui conduit au pèlerinage fut sillonnée par des fidèles, enfants de Marie, et même par des indifférents, venus de tous les points de l'horizon. Une église monumentale et de vastes bâtiments furent élevés au lieu de l'apparition par la générosité des pèlerins. Les pécheurs s'y convertissaient, les malades recouvraient la santé en buvant l'eau de la sainte Fontaine, près de laquelle la sainte Vierge s'était assise et qui, depuis l'Apparition n'a pas cessé de couler. Des enfants, des vieillards, des personnes délicates, venaient à grands frais, au prix de mille fatigues et parfois les pieds nus, visiter le sanctuaire, pour y demander des grâces ou bien y remercier Notre-Dame de la Salette des faveurs signalées obtenues par son intercession » (p. 11 et 12).

» C'est la gloire de Jésus-Christ, nos très-chers frères, que la sainte Vierge voulait quand elle daigna descendre vers vous, dans les montagnes de la Salette.

» Oublieuse de sa propre gloire, elle s'était assise sur une pierre, au dessus d'une petite source desséchée, sur la rive droite du torrent de la Sezia. Elle pleurait, les bras appuyés sur ses genoux et le front caché de ses deux mains. Elle pleurait. Ce qui lui arrache des larmes, c'est un peuple coupable envers Dieu, un peuple menacé par le bras tout-puissant de son Fils, que nos oublis et nos crimes ont lassé. Qui nous donnera de contempler le spectacle qui s'offrait alors aux yeux de la sainte Vierge et d'en composer comme un tableau où chacun puisse voir la vérité à découvert.

» C'était le 19 septembre 1846. » (p. 16).

Mgr Fava retrace ici à grands traits la situation de l'Italie à l'avènement de S. S. Pie IX, le travail ténébreux des sectes, les doctrines infernales de la Franc-maçonnerie, qui ont livré bataille à l'Eglise de Jésus-Christ et qui, en ce moment surtout, s'acharne contre la vitalité et la perpétuité de cette auguste fille du ciel, prodiguant aux hommes toutes sortes de consolations et de célestes espérances.

Après avoir rapporté les salutaires paroles de la Mère du Sauveur aux petits bergers, Mgr Fava écrit, en terminant cette éloquente page :

« La Vierge Marie a donc glorifié Notre-Seigneur sur la montagne de la Salette ; voilà pourquoi elle y est glorifiée à son tour ; pourquoi, dans tout l'Univers, il y a des sanctuaires érigés en son honneur sous le vocable de Notre-Dame de la Salette ; pourquoi un mot lancé contre elle, une imprudence, plutôt des lèvres que du cœur, a soulevé, nous en sommes témoin, le monde catholique. Les enfants de Marie ont tressailli et pleuré : on attaquait leur Mère, la plus vénérée, la plus tendre, la plus parfaite des mères. Les autres, qui n'aiment pas le Christ, ont bien senti que la condamnation, si elle avait été vraie, devenait un point de départ pour attaquer, comme c'est leur programme imposé, tout le christianisme, et le renverser, si c'était possible, mais *la vérité demeure éternellement,* et *Jésus-Christ a vaincu le monde* et le vaincra toujours.

» Tous ensemble, nos très-chers Frères, unissons-nous donc pour confesser la Divinité de Jésus-Christ, l'aimer, le servir, vivre et mourir dans son amour. Unissons-nous pour rendre à Notre-Dame de la Salette le culte religieux qui lui est dû, la prier pour l'Eglise, pour la patrie, pour la conversion des pécheurs, et, en particulier, pour ceux qui ont juré de faire la guerre à Dieu et à son Christ. » (p. 38).

—

La Salette examinée à Rome.

NOTICE DE M. ROUSSELOT.

Le 18 juillet 1851, M. Gérin et moi remettions à Sa Sainteté Pie IX trois lettres : une de Monseigneur de Grenoble, qui accréditait ses deux envoyés, et les deux autres renfermant le secret des enfants de la Salette. Chaque enfant avait écrit et cacheté sa lettre contenant son secret, en présence de témoins qui avaient déclaré sur l'enveloppe que l'incluse était de main propre.

» Sa Sainteté décacheta en notre présence les trois lettres, les lut, et commença par celle de Maximin. Elle dit : « Il y a ici la candeur et la simplicité d'un enfant ». Nous répondîmes que ces enfants sont deux petits montagnards, qui, depuis quelque temps, sont entrés dans des maisons d'éducation.

» Pour mieux lire les deux lettres, Sa Sainteté se leva et s'approcha d'une fenêtre, dont elle ouvrit le volet. Nous la suivîmes. Après la lecture de la lettre de Mélanie, Sa Sainteté nous dit : « *Il faut que je lise ces lettres à tête reposée* ». *Pendant la lecture de cette dernière lettre, une certaine émotion se manifesta sur le visage du Saint-Père. Ses lèvres se contractèrent et ses joues se gonflèrent. Lecture faite, le Saint-Père nous dit :* « Ce sont des fléaux dont la France est menacée ; elle n'est pas seule coupable : l'Allemagne, l'Italie, toute l'Europe est coupable et mérite des châtiments. J'ai moins à craindre de l'impiété ouverte que de l'indifférence et du respect humain..... Ce n'est pas sans raison que l'Eglise est appelée militante, et vous en voyez ici le capitaine (en portant sa main droite sur sa poitrine). J'ai fait examiner votre livre par Mgr Frattini, promoteur de la foi : il m'a dit qu'il en est content, que ce livre est bon, qu'il respire la vérité ».

» Le lendemain, nous vîmes Son Eminence Mgr le cardinal Fornari, auquel je fis hommage de mes écrits sur la Salette. Le cardinal avait eu connaissance du fait pendant sa nonciature en France. Il nous dit qu'il lirait avec plaisir mon ouvrage. « Au reste, ajouta-t-il, je suis effrayé de tels prodiges ! Nous avons dans la religion tout ce qu'il faut pour la conversion des pécheurs ; et quand le Ciel emploie de tels moyens, il faut que le mal soit grand..... »

....

» Le pape nous ayant parlé de Mgr Fratini, je me hâtai d'arriver jusqu'à lui après le départ de M. Gérin. Dans une première visite, il me confirma ce qu'il avait dit à Sa Sainteté et me dit qu'il avait lu attentivement, comme c'était son devoir, mes livres, depuis la première ligne jusqu'à la dernière, et que, d'après cela, il ne voyait aucune difficulté à ce que Mgr de Grenoble allât en avant et fît construire une chapelle, sur de vastes et belles proportions, au lieu de l'apparition, et qu'on y suspendît autant d'*ex-voto* qu'il y a de miracles relatés dans mes livres, et qu'il s'en ferait encore dans la suite. »

« Une fois, il me dit que Mgr de Grenoble pourrait faire pour la Salette ce qu'avait fait à Rome Son Eminence le cardinal Patrizi, lequel, en sa qualité d'archevêque de la ville sainte, après avoir réuni une commission, avait déclaré que la conversion de M. Ratisbonne est un miracle dû à l'intercession de la sainte Vierge, et même dans les canonisations des saints, me disait-il encore, il faut que les premières procédures soient faites par l'ordinaire du lieu. » Une autre fois il me dit : « Pour fonder un nouveau sanctuaire en l'honneur de la sainte Vierge, il suffit d'une probabilité, car il ne s'agit pas de canoniser la sainte Vierge ; or le fait de la Salette réunit une multitude de probabilités ».

« Dès son arrivée à Rome, nous avons vu le père Roothan et le père Villefort. Le père Rubillon, assistant du R. P. général pour les provinces de France, après avoir lu les livres, me dit qu'il restait profondément convaincu de la vérité du fait ; qu'il ne voyait pas comment les enfants auraient pu être trompeurs ou trompés, et qu'enfin Mgr de Grenoble pouvait construire une chapelle au lieu de l'apparition.

» Le Père Quélez, procureur de la congrégation de saint Liguori pour les provinces transalpines de l'ordre, m'a exprimé sa profonde conviction au sujet de la Salette.

» Le cardinal Lambruschini, premier ministre de Sa Sainteté, évêque de Porto, préfet de la congrégation des saints, et en cette qualité parfaitement instruit des règles de l'Eglise dans ce qui regarde la canonisation de saints, la publication des miracles etc., eut la bonté de me dire dans l'audience qu'il voulut bien m'accorder : « Il y a longtemps que je connais le fait de la Salette, et comme évêque, j'y crois ; et comme évêque, je l'ai prêché dans mon diocèse, et j'ai remarqué que mon discours a fait une grande impression. Au reste, ajoute Son Eminence, je connais le secret des enfants : le pape me l'a communiqué... »

» Enfin, le 22 août 1851, deux jours avant mon départ de Rome, j'étais aux pieds de Sa Sainteté, qui avait daigné m'admettre en audience de congé. Avec une bonté inexprimable, Sa Sainteté me demanda si j'étais content de Rome. Je lui répondis : « Très-Saint Père, je suis content de tout ce que j'ai vu et entendu. Je suis surtout heureux d'être aux pieds de votre Sainteté. » Alors, je lui demandai sa bénédiction pour Mgr de Grenoble, pour le chapitre dont je suis membre, pour le séminaire où je suis professeur, etc. Sa Sainteté passa dans une pièce voisine, d'où elle me rapporta un beau chapelet, que je reçus à genoux. Enfin, sur ma demande, elle donna aussi, d'une manière très-gracieuse, sa bénédiction aux deux enfants de la Salette.

» En résumé, à Rome, on examine avant de croire ; mais tous ceux qui ont examiné le fait de la Salette le croient vrai et bien prouvé. A Rome, ceux qui ont examiné le fait de la Salette reconnaissent à Mgr de Grenoble le droit de se prononcer sur ce fait. Le secret des enfants, dont nous étions porteurs, est de nature à infirmer ou à confirmer le fait lui-même de la Salette. Si ce secret eût été ou puéril ou indigne de celle qui le donna il y a cinq ans, le fait devait tomber par lui-même.

» Je partis de Rome le 24 août au soir, emportant pour Mgr de Grenoble, de la part de Sa Sainteté : 1° Un magnifique chapelet monté sur or avec croix et gland en or, enfermé dans un étui aux armes de Sa Sainteté ; 2° Un corps saint de nom propre, dont il est permis de lire l'office et la messe, de célébrer annuellement la fête et l'anniversaire de la translation, avec indulgence plénière, etc. »

Humble propagateur de cet opuscule où éclatent tant de graves affirmations, nous n'oserions placer ici une épilogue signé de notre nom. Il est un mot cependant que nous ne pouvons nous empêcher d'écrire, et qui nous est à la fois dicté autant par les déclarations antérieures que par la lettre de S. G. Mgr l'Evêque de Lecce :

Le secret de Mélanie est un ; si la sainte Vierge a voulu mettre des intervalles à la vulgarisation de certains points inhérents à cette prophétie, qui sont-ils les esprits inquiets, prompts à s'élever contre les rigueurs complémentaires d'un si respectable mobile de salut !

A. P.

FIN.

Nîmes, — Clavel-Ballivet et Co, rue Pradier, 12

www.ingramcontent.com/pod-product-compliance
Ingram Content Group UK Ltd.
Pitfield, Milton Keynes, MK11 3LW, UK
UKHW020459230726
13925UKWH00005B/2035

9 782014 050554